BARON DU ROURE DE ...

Membre de la ... Cour d'Appel de ...
Membre correspondant de l'Académie de ...

LE CHATEAU DE ROCHEBARON

GÉNÉALOGIE DE LA FAMILLE DE GIRY

AVEC QUATRE ILLUSTRATIONS

de Mlle Madeleine Pouthot et de M. Adrien de La Perrière

BIBLIOTHÈQUE DE LA « REVUE HÉRALDIQUE »

8, rue Daumier, 8

PARIS (XVIe)

1906

LE CHATEAU DE ROCHEBARON

GÉNÉALOGIE DE LA FAMILLE DE GIRY

DU MÊME AUTEUR

Les ex-libris Bigot. Dans les Archives des Collectionneurs d'Ex-Libris. 1904 et 1905. — Paris, in-folio.

L'ex-libris cadet de Gassicourt. *Idem*, 1904.

La Maison de Labro et ses descendances féminines dans la Revue Héraldique, 1904. — Paris, in-8°.

La branche de Lormet de la Maison de Cheminades. *Idem*, 1905.

Généalogie de la Famille de La Perrière. — Paris, 1904, in-8°.

Généalogie de la Famille du Saulzet. — Paris, 1905, in-8°.

Le Manteau dans l'Art Héraldique. — Paris, 1905, in-8°.

Baron du ROURE de PAULIN

Avocat à la Cour d'Appel de Paris
Membre correspondant de l'Académie de Clermont-Ferrand.

LE CHATEAU DE ROCHEBARON

GÉNÉALOGIE DE LA FAMILLE DE GIRY

AVEC QUATRE ILLUSTRATIONS

de Mlle Madeleine Pouthot et de M. Adrien de La Perrière

BIBLIOTHÈQUE DE LA « REVUE HÉRALDIQUE »

8, rue Daumier, 8

PARIS (XVIe)

1906

LE CHATEAU DE ROCHEBARON

Le château de Rochebaron, siège de la seconde baronnie du Forez, est situé dans la commune et canton de Bas-en-Basset, arrondissement d'Yssingeaux, département de la Haute-Loire, diocèse du Puy (1). Depuis longtemps il est en ruines il se trouve sur une éminence qui forme une espèce de promontoire entre deux vallées profondes ; au Nord et à l'Est le château était imprenable, au sud l'accès était plus

facile, aussi on avait triplé l'enceinte. A l'ouest il reste encore deux énormes tours, l'une ronde, l'autre triangulaire que les gens du pays appellent le donjon. La tour ronde est bien conservée; elle comprend, outre trois salles, une prison à deux étages, c'est-à-dire une oubliette, et une pièce dérobée sans fenêtre située entre le premier et deuxième étage à laquelle

(1) Voir : *Tablettes historiques du Velay. Les Masures de l'Ile-Barbe* de Le Laboureur. *Histoire du Velay* d'Arnaut. *Les châteaux du Velay,* par l'abbé Thellière. Archives de famille chez le Marquis du Roure de Paulin. Pièces chez M. Rigal à Saint-Etienne.

on arrive par un escalier, caché dans l'épaisseur du mur, qui
part de la salle du second. Un peu plus loin il reste quelques
débris de la maison seigneuriale, de la chapelle et de l'en-
trée. La seconde enceinte est assez visible ; sur ses murs s'ap-
puyent quelques maisonnettes. La vue qui s'étend au loin sur
la vallée de la Loire est très belle. Il est impossible de dire
à quelle époque a été bâti le château, d'après ce qui reste
on peut conjecturer qu'il a été agrandi et fortifié aux XIVe
et XVe siècles, les débris de la chapelle doivent être du XVe
siècle.

Le premier maître connu de la baronnie de Rochebaron
est Guillaume, vivant sous Robert le Pieux, qui est cité
dans le *Cartulaire de Chamalières*, n°s 33, 246 et 255 ;
Quelques-uns le disent bâtard des comtes du Forez? Il eut
deux fils, Ponce et Lambert, qui héritèrent de lui probable-
ment vers 1030. Le château passa ensuite au fils de Ponce
(peut-être de 1070 à 1100), qui fut le père de Ponce II et
de Ponce III, évêque de Mâcon en 1140 et de Guigues,
moine de l'Ile-Barbe en 1140. Ponce II eut quatre enfants :
1° Lambert qui était maître de Rochebaron en 1170,
2° Guigues qui fonda les Rochebaron-Usson, 3° Ponce, chevalier de Saint-Jean de Jérusalem en 1179, 4° Guillaume,
chanoine, comte de Lyon, 5° Brocard, abbé de Saint-Pierre-
la-Tour, nommé évêque du Puy par une portion des chanoines vers la fin de 1213 ; mais le Roi lui préféra Robert
de Mehun, cette préférence entraîna une agitation très vive,
et en 1214 Philippe-Auguste concéda à Robert de Mehun
l'investiture des châteaux de Rochebaron et de Chalençon
tout en lui laissant le soin de les conquérir ; il est probable
que Lambert avait soutenu son frère et que Philippe-Auguste
voulut ainsi le punir. Du reste, si cet acte de concession eut
un résultat, ce ne fut pas pour longtemps, car en 1248, 1277
et 1280 nous voyons Ponce de Rochebaron rendre hommage
pour la baronnie à l'évêque du Puy. Ces hommages se re-
nouvelèrent en 1290, 1319, 1329, 1362, tandis que le 15 fé-

vrier 1410, Héracle de Rochebaron « haut et puissant sire de Rochebaron par la grâce de Dieu » rend hommage à Anne-Dauphine, duchesse de Bourbon, comtesse du Forez. Héracle de Rochebaron se jeta dans le parti du duc de Bourgogne et joua un rôle important en Forez, il participa au siège du Puy et sur ses conseils les Bourguignons battus se retirèrent à Serverette (1) où ils furent assiégés à leur tour par le comte de Pardiac et le sénéchal d'Auvergne (juillet 1419). Après la prise de Serverette le comte de Pardiac alla mettre le siège devant Rochebaron ; mais des moyens d'accord furent proposés et l'armée fut dissoute. Enfin Héracle étant mort, le 18 septembre 1419 Amédé Verd seigneur de Chanaleilles chevalier bailly du Forez donna ordre à Jean Fournier, prévôt de Montbrison, de s'emparer du château de Rochebaron jusqu'à ce qu'un héritier se montre. Cet ordre fut exécuté sans difficulté et la garnison évacua le château, elle comprenait une quarantaine d'hommes parmi lesquels : Massia de Doia, recteur et administrateur du château ; Guillaume de Beauzac, capitaine=châtelain ; Jean de Rochebaron, chevalier sieur de la Tour Daniel (2). La main-mise ne dura pas longtemps, car le 28 juillet 1420 le château était en possession de Guyon de Rochebaron, fils d'Héracle et d'Elisabeth ou Elise de la Roue (3). Guyon épousa Catherine de la Roche, de qui il eut : 1° Artaud, chevalier de Saint-Jean de Jérusalem, et Antoinette, qui fut la dernière de la branche aînée de Rochebaron, qui portait : *de gueules au chef échiqueté d'argent et d'azur* (alias *de gueules*) *de deux traits*, et criait : Rochebaron ! Antoinette épousa (1444) Louis (4) de Chalençon fils de Louis-Armand de Chalençon de

----

(1) *Tablettes historiques du Velay*, t. II, p. 334. Serverette, chef-lieu de canton. Arr. de Marvejols (Lozère).

(2) *Tablettes du Velay*, t. VIII, p. 4.

(3) Le mariage avait eu lieu en 1401 Elisabeth était fille d'Armand de la Roue et d'Isabeau de Chalençon.

(4) Louis était frère de Guillaume Armand de Chalençon de Polignac, dit le grand Vicomte. 2° Bertrand, évêque de Rhodez. 3° Pierre, élu évêque du Puy, mais dont le Pape ne ratifia pas l'élection.

Polignac et d'Isabeau de la Tour d'Auvergne (1). La famille
de Chalençon est une des plus anciennes familles du Velay ;
elle avait hérité en 1421 des nombreux biens et fiefs des Polignac. Elle portait : *écartelé d'or et d'azur à la bordure de
gueules semée de fleurs de lys d'or.* Elle garda Rochebaron
pendant six générations, jusqu'au mariage d'Antoinette de
Chalençon de Rochebaron fille de François et de Marguerite
d'Aumont (2) qui eut lieu le 23 novembre 1618 à Ambert
avec Claude des Serpents comte de Gondras, fils de Philibert
et de Marguerite de la Guiche. Claude s'engage à porter
le nom et les armes des Rochebaron et après lui son premier fils mâle ou à défaut sa fille aînée. A la mort de
François de Chalençon de Rochebaron en 1620 et de son fils
Annet mort en 1633 dans un état d'imbécillité, Antoinette
resta seule maîtresse de Rochebaron. Elle ne fut pas heu-
reuse et il paraît que son époux alla jusqu'à la faire enfermer dans les oubliettes du vieux castel, aussi vers 1638 le cardinal de Richelieu archevêque de Lyon lui accorda la sépa-
ration ; son mari mourut avant 1651. Pour réparer ses dilapi-
dations, Antoinette, comtesse de Rochebaron, baronne d'Ambert, Saint-Pal et Tiranges, dut vendre plusieurs de ses do-
maines ; elle mourut à Ambert le 18 février 1637 laissant
trois filles :

1° Suzanne qui épousa le 14 février 1638 Louis Armand
Vte de Polignac, chevalier de l'ordre, gouverneur du Puy,
né le 13 décembre 1608 de Gaspard-Armand, et de Claudine de Tournon (3).

---

(1) Isabeau était fille de Bertrand de la Tour-d'Auvergne et de Marie
Comtesse de Boulogne et d'Auvergne.

(2) Le mariage eut lieu vers 1590, Marguerite était fille de Jean
Cte de Chateauroux et d'Estrabonnie maréchal de France et d'Antoinette de Chabot.

(3) Louis épousa en secondes noces Isabelle de la Baume-Montrevel
et en troisièmes noces le 17 janvier 1656 Jacqueline du Roure née en
1641 de Scipion de Beauvoir de Grimoard du Roure, comte de Mont-
laur, marquis de Grisac, etc., et de Gresinde de Baudan.

2° Catherine mariée vers 1650 à Louis de la Rochefoucault, comte de Laurac, fils de Charles-Ignace baron de Villeneuve, seigneur de Domeyrac et de Guillerne de Clusel (1).

3° Gabrielle épousa, en avril 1654, Louis-Antoine de La Rochefoucault, frère du précédent.

Cette famille des Serpents où d'Ysserpents tirait son origine du Bourbonnais ; elle porte *d'or au lion rampant d'azur, armé, lampassé et couronné de gueules.* A la mort d'Antoinette il y eut un long procès pour sa succession, enfin après une transaction, Suzanne eut la baronnie de Loudes et Saint-Pol en Chalençon, Catherine eut Rochebaron et Gabrielle eut Gondras.

Du mariage de Catherine naquit Charles-Ignace de La Rochefoucault qui fut le premier marquis de Rochebaron, il épousa vers 1680 Madeleine d'Escoubleau de Sourdis, dame de Sury (2), il abandonna Rochebaron pour aller habiter le château de Sury-le-Comtal (3). Leur fils aîné fut François, commandant pour le Roy en Lyonnais, Forez et Beaujolais, époux de Marie-Anne-Joachim de Foudras, mort à Lyon sans enfants le 26 décembre 1766. Il avait vendu le marquisat de Rochebaron le 9 octobre 1741 à Pierre-François de Giry, baron de Vaux (4) qui en rendit hommage le 26 juin 1743. Il revendit Rochebaron à son frère Odet-Jacques-Joseph de Giry de Vaux de Saint-Cyr, aumônier de la Dauphine, membre de l'Académie Française, qui en devint coseigneur avec leur troisième frère Jean-Jacques-Marie, chevalier de Giry, qui fit donation de ce qu'il possédait à Rochebaron à sa fille Marie-Anne-Adelaïde de Giry, épouse de Jean-Gabriel du Fornel du Roure, seigneur de Paulin, qui prit alors le titre de marquis de Rochebaron. L'abbé de

(1) Fille de Louis de Clusel et d'Alix de Rosille, dame de Laurac ou Lorac.

(2) Fille de Pierre Marquis de Sourdis et de Marie Chrétienne de Crémeaux.

(3) Canton de Saint-Rambert, arr. de Montbrison (Loire).

(4) Voir *La généalogie de la famille de Giry.*

Giry de Saint-Cyr mourut à Versailles le 13 janvier 1761. Il léguait un tiers de ses biens à sa nièce Marie-Antoinette de Giry, un second tiers à Jacques-Marie qui le donna par acte du 6 décembre 1671 à son gendre, Jean-Gabriel du Roure et le dernier tiers à sa sœur aînée Marguerite-Josèphe veuve de M. de Courtin de Saint-Vincent, plus 52.000 l. de legs divers. Pour exécuter ce testament et en conséquence des sentences rendues au parc civil du Chatelet de Paris les 24 mai, 23 juin, 14 juillet, 17 septembre 1773, et 26 avril 1774, la terre de Rochebàron fut vendue le 15 février 1775 au prix de 220.600 l. à Jean-Baptiste de Fisicat, chevalier seigneur de Bellièvre demeurant à Lyon.

Voici en quoi consistait alors la Seigneurie de Rochebaron. Elle avait neuf à dix lieues de tour, haute, moyenne et basse justice, et le droit de nommer les officiers de la dite justice ; mais sauf le greffier tous ses offices étaient gratuits. Elle se divise en huit parcelles.

1º Celle de Bas qui comprend le bourg de Bas, les villages de Saint-Jullien, Javellou, le Crépon, la Conche et Montmeat.

2º Celle de Basset comprenant Basset, Gourdon, les Salles, Tourton, Chevalas, Chaponas et Etampes.

3º Celle de Lamure comprenant Lamure, Julliec, Bruailles, Fouilloux, Labiec, le Roure, Os, Bourzeit, la France et Ramchevout.

4º Celle de Crémerolles comprenant Crémerolles, Contenson, Naves, Navogne, le Vert, Ancette, la Roche, Mayol, Malvalette, Davaret et Montchouvet.

5º Celle de Chanteloube comprenant Chanteloube, Thézenac, Bataillec, le Besset et Chomont.

6º Celle de Chazelet, ou de la montagne comprenant Chazelet, le Valtallier, le Bouchet, le Pin et le Perrier.

7º Celle de Cubelle, ou la haute montagne qui comprend Cubelle, le Cros-Nomas, Ecluses hautes et basses.

8º Celle de Cusson formée par le village de Cusson.

Elle a droit de foi et hommage sur les seigneuries de Valprivat et de Piset. Elle a droit de corvées à chars et à bras anciennement à mercy des seigneurs, puis réglé par l'arrêt des Grands Jours à douze par an. Elle a droit de prélation où retrait féodal, droits de lods (appelés *venterolles* et fixés au sixième denier) de milods pour les échanges au douzième denier) droit de corps, cri, guet et garde ; de patronage ; de taillabilité à deux cas (savoir : mariage de la fille aînée, réception du seigneur dans la chevalerie) ; de courtage, de faisance, de langue chez les bouchers ; de marché et de foire ; de main-morte et de baile châtelain (1). En plus tous les droits généraux des hauts justiciers : indemnité, déshérence bâtardise confiscation et autres. Droit de nomination à la chapelle ou prieuré de Rochebaron, sous l'invocation de sainte Anne. Et enfin tous les droits utiles et honorifiques. Les bâtiments consistaient, dans le château en ruines, ayant seulement en bon état une maison pour le fermier, une chapelle, et deux tours pour les prisons ; la maison seigneuriale à Bas (2), une autre maison à côté, une grande écurie et une fenière, un très beau grenier, cave et cellier, une grange fenière avec écurie située près la chapelle de Saint-Julien et pouvant contenir quatre cents chars de foin et cinquante chevaux ; le pressoir à vin, les moulins de la Roche, une maison à Bruailles. Dans le dénombrement de 1678 on nomme trente vassaux qui possédaient des cens en arrière fief relevant de Rochebaron savoir : les prieurs de Grazac, de Saint-Rambert, des Sales, de Saint-Julien, de Confolens de Rosier, de la Tourette, le commandeur de Bessamorel, le chapitre de Saint-Mayol du Puy, les curés et prêtres de Bas, les prêtres de Saint-Bonnet, les chanoines de Monistrol, les curés de Merle et de Saint-Hilaire, le vicaire de Rochebaron, les dames de la Séauve, le sieur de Vinols, l'évêque du Puy, le

(1) « Pour raison de ces droits les propriétaires vendeurs ne contractent aucune garantie et chargent l'adjudicataire de les faire valoir, ainsi qu'il avisera d'après les titres de la seigneurie de Rochebaron ».
(2) C'est là qu'habitait le chevalier de Giry.

seigneur de Chambon (pour la rente de la Rivoire) les sieurs
de Sicard, de Fornier, Laurenson, Valprivat. La chapelle du
château était érigée en église paroissiale ; cette paroisse était
enclave dans celle de Bas, elle comprénait Rochebaron, Jave-
loux, le Crepon, Mazet et Saint-Julien ; cette chapelle, placée
sous le vocable de sainte Anne, contenait des reliques et une
statue très vénérée de saint Antoine ; le tout est aujourd'hui
dans l'église de Bas ; elle fut détruite pendant la Révolution.

Quelques parcelles de la seigneurie de Rochebaron ne
furent pas aliénées en 1775 et réunies à d'autres terres qui

appartenaient à la famille du Roure, elles servirent à former
le Marquisat de Paulin et de Rochebaron en faveur de Jean
Gabriel du Fornel du Roure.

Jean-Baptiste de Fisicat, seigneur de Bellievre et de Beau-
regard, qui acheta Rochebaron, était fils de Jean François et
de Catherine Berthet de Chazelles (1). Les Fisicat venait
du Dauphiné, ils portaient *d'or au griffon de gueules soute-
nant de ses deux pattes un écusson d'azur chargé d'une fleur
de lys d'or à la bordure d'azur semée de fleurs de lys d'or* (2).
Devise : *Res non verba.*

---

(1) Fille de Jean Berthet de Chazelles, maître des eaux et forêts en
Lyonnais, gentilhomme ordinaire de S. A. R. Monsieur, et de Catherine
Carnet.

(2) Armes concédées par brevet du 1er novembre 1661 et de juin 1662.

Jean-Baptiste épousa le 27 avril 1762 Catherine Gonin de Lurieu, fille de Pierre, jurisconsulte célèbre, ancien échevin de Lyon. Il fut exécuté le 13 décembre 1793 à Lyon, il avait eu quatre enfants :

1° Jean-François qui suit ;

2° Pierre-Thomas, grand-vicaire de l'archevêque d'Embrun ;

3° Denys, mort au berceau ;

4° Denis-Rosalie-Barbe, V^le de Fisicat, officier de marine émigré en 1791, servit dans l'armée des princes, mort à Saint-Thomas le 16 janvier 1799.

Jean-François, marquis de Fisicat, né en 1763, épousa Elisabeth-Catherine de Chazeaux, fille du commandant des troupes coloniales de la Guadeloupe et d'Elisabeth-Françoise Le Bœuf, riche propriétaire à la Guadeloupe où Jean alla en 1790 ; il passa pour émigré et ses biens furent saisis et une partie fut vendue nationalement. Il revint en France en 1799, et main-levée lui fut octroyée le 15 brumaire an VIII pour ses biens non vendus. Enfin en 1816 S. M. Louis XVIII le nomma chef d'escadron et chevalier de Saint-Louis. Il eut deux fils :

1° Denis-Michel-Adolphe, gendarme de la garde du Roi puis lieutenant de hussards.

2° François-Auguste élève à Saint-Cyr, mort le 9 février 1826, âgé de 24 ans.

Nous ne savons pas ce qu'est devenu cette famille. A l'heure actuelle des paysans se sont installés dans les ruines de Rochebaron, ils démolissent peu à peu le vieux castel pour s'emparer des pierres ; l'un d'eux, plus hardi, a mis une porte à la tour, pour enfermer ses outils dans la prison et il fait payer pour laisser visiter ; d'ici peu d'années il aura « usucapé » le château et se trouvera le légitime possesseur des restes de la très ancienne et seconde baronnie du Forez.

GÉNÉALOGIE DE LA FAMILLE DE GIRY
BRANCHE FORÉZIENNE

L'origine de la famille de Giry est très discutée, Julien de Bessy dans ses généalogies manuscrites dit que cette maison est originaire du Milanais et que de là elle vint s'établir à Bagnols, arrondissement d'Uzès (Gard). Suivant M. de Courcelles elle sortirait du Nivernais (1). Quoi qu'il en soit, nous voyons que le 8 octobre 1271 Miracle, veuve de Guillaume de Giry, et Guyonnet son fils, donnent à l'église de Saint-Rémy une steyrade de pré et quelques autres tenements situés dans la dite paroisse de Saint-Remy (2).

Les armes de cette famille sont indiquées différemment en plusieurs endroits, nous trouvons :

1° *D'azur* ou *de gueules au rais d'escarboucle d'or* (3).

2° *De gueules au sautoir d'argent.*

3° *D'argent au sautoir d'azur.*

4° *D'azur au sautoir d'argent* qui sont les armes portées par la branche forézienne (4).

5° *D'azur au sautoir d'argent ; parti d'or au lion de sable lampassé de gueules* (5).

(1) Lettre du 5 mai 1772. Original chez Mlle Valentine de Giry.
(2) Tablettes du Velay, *Cartulaire de Chamalières.*
(3) Segoing, *Trésor héraldique.*
(4) *Histoire du Beaujolais*, de la Roche Lacarelle : *Argenterie.*
(5) *Armorial d'Hozier*, Montpellier, Montauban, page 506. Cachet de Mlle Valentine de Giry.

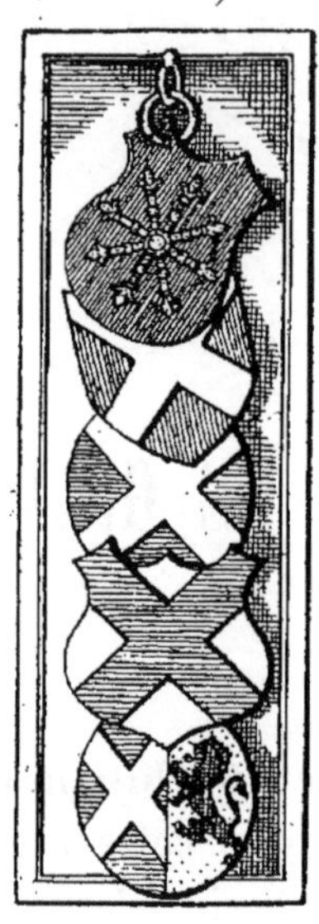

I DEGRÉ

Anné de Giry, procureur en la justice de Bagnols en 1518 et 1523, épousa Claudine Ferri, fille d'un notaire de Draguignan ; il en eut plusieurs enfants parmi lesquels Claude.

II DEGRÉ

Claude de Giry, son fils aîné, bourgeois de Bagnols en 1536, épousa Antoinette d'Angeli, fille de Pierre d'Angeli, receveur de la ville de Fréjus. De cette union un fils.

Angeli porte : *écartelé d'argent cantonnée de quatre croix alésées de gueules* (1).

III DEGRÉ

Antoine de Giry, receveur des finances des Etats du Languedoc (1569-71-79), épousa Catherine de Salvert.

Ils eurent :

1° Jean, qui continua la lignée à Bagnols.

2° Antoine, qui suit.

3° Julien, qui s'établit à Marseille.

IV DEGRÉ

Antoine de Giry, qui se maria à Annonay en 1593 avec N... du Bosquet.

De cette union :

1° Gaspard, qui suit.

2° Pierre, qui suivra.

3° Claude, qui s'établit à Lyon.

4° Guillaume.

(1) Pièces originales, 60, n° 1339, pièce 4 et 5. Bibliothèque Nationale, Manuscrits.

V DEGRÉ

Gaspard de Giry épousa Marie de Monteils, qui mourut avant 1666 laissant une fille unique :

1° Catherine de Giry porta tous ses biens par contrat de mariage du 6 février 1666 à Pierre des Pluviers de Baigniols, marquis de Saint-Michel, gentilhomme de S. A. R. de Savoie et lieutenant de sa compagnie de gens d'armes, fils de feu Pierre de Saint-Michel, gentilhomme ordinaire de Madame de Savoie, son écuyer et lieutenant de ses gardes, et de dame Anne d'Annequin, dame d'honneur de S. A. R. (1).

BRANCHE B.

V DEGRÉ

Pierre de Giry, receveur des tailles du Vivarais en 1625. Il épousa en 1624 Catherine de la Rochette, fille de Jean-Jacques de la Rochette, écuyer, seigneur de Bressieu, juge de Saint-Sauveur en Forez, et Catherine Coppier de la Murette, dame de Perrost, fille de Christophe Coppier et de Françoise Colombe ; petite-fille de Jacques de la Rochette, lieutenant général à Bourg-Argental, et d'Antoinette Bollioud de Saint-Julien (2).

De la Rochette (branche Forézienne) porte : *d'azur à une rochette de six coupeaux d'argent baignée d'un fleuve de sinople*. Devise : *Illæsæ fluctibus* (3).

De cette union issirent :

1° Pierre qui suit.

2° Catherine de Giry, épouse de Guillaume de Pratlong, écuyer secrétaire du Roy, maison et couronne de France et de ses finances en son conseil de la sénéchaussée et présidial

(1) *Carrés d'Hozier*, 297, n° 257. Bibliothèque Nationale. Manuscrits.

(2) Bollioud : *d'azur au chef de gueules chargé de 3 besants d'or.*

(3) Branche issue en 1526 de la Famille de la Rochette d'Auvergne qui porte : *d'azur à une fasce d'or accompagnée de 3 étoiles d'argent.* Devise : *Deo et Honore.* Voir *Notice sur la maison de la Rochette par d'Assier de Valenches*, Lyon, 1856.

de Lyon. Sa veuve donna aveu le 14 janvier 1700 d'une rente noble sise paroisse de Chapponost (1) ; elle en rendit hommage au Roi le 13 janvier 1717 (2).

Pratlong porte : *de..... au chevron de..... accompagné de 3 trèfles de.....*

VI DEGRÉ

Pierre de Giry, seigneur de Bressieu (3) et de Perrost du chef de sa femme, docteur en droit, avocat. Il épousa vers 1656 sa cousine germaine Marie de la Rochette, fille de Jean-Jacques de la Rochette, docteur en droit, avocat ; et de Catherine de Solleysel dame du Clappier (4). Pierre mourut en 1682 laissant :

1° Jean-François qui suit.

2° Jean-Claude de Giry, capitaine de cavalerie tué à l'armée d'Allemagne.

3° Marie de Giry.

VII DEGRÉ

Jean-François de Giry, seigneur de Bressieu et de Perrost, baron de Vaux et de Saint-Cyr (5), et seigneur du Clappier en 1697 par héritage de son cousin Odet-Joseph de Solleysel. Il fut secrétaire du Roi et épousa vers 1690 Antoinette Jacquier, fille de Jacques Jacquier, baron de Cornillon, et de Catherine de la Farge, fille de Jean de la Farge et de Marguerite Dumarest, petite-fille d'Etienne Jacquier, notaire à Saint-Etienne, et de Philberte Fontanez.

(1) Canton de Saint-Genis de Laval, arr. de Lyon (Rhône).

(2) Aveux de la chambre des comptes P. 496² pièces 150 et pièce 168. Archives Nationales.

(3) Commune de Saint-Romain d'Ay, canton de Satillen, arr. de Tournon (Ardèche).

(4) De Solleysel porte : *d'azur au soleil rayonnant d'or au chef cousu de gueules chargé de 3 croisettes d'argent 2 et 1.*

(5) Vaux, paroisse très étendue de l'archiprêtré d'Anse et de l'élection et sénéchaussée de Villefranche (Rhône), fut revendue par les Giry aux Carra qui en portent aujourd'hui le nom. Saint-Cyr le Chatoux est une annexe de Vaux. Voir *Histoire du Beaujolais* par le baron de la Roche de la Carelle, Lyon, 1853, 2 vol, in-4°. Almanach de Lyon pour 1789, p. 165.

Jacquier porte : *d'azur à la fasce d'argent chargé de trois corneilles de sable* (1).

De cette union naquirent six enfants :

1° Pierre-François, qui suit.

2° Jean-Jacques-Marie, auteur de la branche C.

3° Odet-Jacques-Joseph de Giry de Vaux de Saint-Cyr, dit l'abbé de Saint-Cyr. Né en 1694, il fut pourvu très jeune d'un canonicat à Saint-Just de Lyon, puis grand vicaire et chanoine de Tours, abbé de Val Benoîte en 1727 et de la Chartre-Dieu en 1733 ; il fut nommé sous-précepteur de Louis de France Dauphin, le 15 janvier 1736. Elu en janvier 1742, membre de l'Académie Française au fauteuil 38 vacant par la mort du cardinal Melchior de Polignac , fils d'Armand, vicomte de Polignac, marquis de Chalençon et de Jacqueline de Beauvoir de Grimoard du Roure ; l'abbé de Giry fut reçu le 4 mars 1742 et ce fut Destouches qui lui répondit. Il fut nommé conseiller d'Etat le 20 mars 1743 remplaçant M. l'abbé Bignon, bibliothécaire du Roi. Le Roi lui donna le 13 janvier 1749 l'abbaye de Troarn près Caen, diocèse de Bayeux, valant 28.000 l. de rente, il rendit alors Saint-Martin de Pontoise valant 11.000 l. Il eut plus tard Saint-Martin de Troarn (2), valant 70.000 l. de rente (3).

Il écrivit : *Le catéchisme et décisions des cas de conscience à l'usage des Cacaouacs avec un discours du patriarche des Cacaouacs pour la réception d'un nouveau disciple*. Cacopolis, 1758, in-12, 106 pages. Il essaye dans cet ouvrage de montrer les erreurs des philosophes. L'abbé de Saint-Cyr

(1) Voir, *Chroniques des châteaux et abbayes du Forez*, par la Tour-Waran, p. 187.

Histoire de la baronnie de Cornillon, par l'abbé Prajoux, Lyon, 1901. In-8°, p. 65.

(2) Troarn chef-lieu de canton, arr. de Caen (Calvados).

(3) *Mémoires* de Ch. P. D'Albert, duc de Luynes, Paris, 1860, in-8. Voir des anecdotes sur lui p. 59-60, t. IV, 84, III et 142 ; t. V, 407, t. VII, p. 47, 98, 272, t. VIII, p. 166 ; t. IX, p. 286 ; t. XV, p. 199. *La France Pontificale* (Lyon), de H. Fisquet, Paris, in-8° p. 774.

était très érudit et très bon, le Dauphin l'aima toujours beaucoup.

Le 21 octobre 1742 l'abbé de Saint-Cyr acheta à son frère le château de Rochebaron, il en rendit hommage le 3 août 1745 (1) ; ce château fut revendu par ses héritiers le 15 février 1775 pour payer ses legs. Il testa le 1er octobre 1758 à Versailles et il y mourut le 13 janvier 1761 (2).

4° Anne-Marguerite-Josèphe de Giry de Vaux épousa François-Marguerite-Joseph de Courtin, seigneur de Saint-Vincent et de Boisset en Beaujolais, capitaine d'artillerie, mort avant 1775, laissant trois enfants.

5° Marie-Marguerite de Giry de Vaux épousa Joseph de Courtin, sieur de Rilly en Roannais.

6° Catherine de Giry de Vaux épousa, à Lyon le 17 octobre 1720, Alexandre de Tirrecuy, chevalier, seigneur de Courcelles, Lancie, la Roche et Fleury, ci-devant, capitaine au régiment de Launay, fils de Lazare et de Nicolle Bellet de Cruys (3).

Courcelles porte : *d'azur à une fasce d'or* (4). Devise : *Pour voir s'il fait bien.*

VIII DEGRÉ.

Pierre-François-Joseph de Giry, baron de Vaux, marquis de Rochebaron et seigneur de Bas-en-Basset. Il acheta Rochebaron à François de la Rochefoucault, le 9 octobre 1741. Il rendit hommage de ce château le 26 juin 1743 (5). Il avait rendu hommage des rentes nobles de Chapponost, le 24 décembre 1725, c'était l'héritage de Catherine de Pratlong ; il était alors officier dans le régiment royal d'artillerie (6). Il

---

(1) *La Chesnaye-Desbois*, t. XIII, p. 151.

(2) *Mercure Galant.*

(3) Bellet : *d'azur à la bande d'or accompagnée d'un aigle de sable.*

(4) *Nouveau d'Hozier*, 316. N° 7332. Bibliothèque Nationale. Manuscrit.

(5) Les *fiefs du Forez de Sonyer du Lac*, publié par d'Assier de Valenches, Lyon, 1858, p. 218.

(6) P 498¹ n° 13. Archives Nationales.

hérita aussi du Clappier qui appartenait à son frère, l'abbé de Saint-Cyr et de 1000 l. de pension viagère sur le privilège du charbon de terre ; par substitution ce legs revint à son frère Jean-Jacques-Marie. Il épousa vers 1725 Madeleine-Renée de Masso de la Ferrière, fille de Pierre de Masso, seigneur de la Ferrière, du Plantin, sénéchal de Lyon, commandant dans les provinces du Lyonnais, Forez et Beaujolais, et de Elisabeth-Madeleine de Chapponay (1).

Masso porte : *d'azur à la bande d'or.*

Une seule fille vint de cette union.

IX DEGRÉ

Marie-Antoinette de Giry épousa vers 1754 Jean-Louis de Mallide, lieutenant aux gardes françaises, chevalier de Saint-Louis, d'où

1° N... de Mallide, morte le 14 août 1762, âgée de 6 ans.

BRANCHE C
VIII DEGRÉ

Jean-Jacques-Marie, chevalier de Giry, co-seigneur du marquisat de Rochebaron, de Bas en Basset et du Clappier, après la mort de son frère René ; officier au régiment d'infanterie de Carpentras où il épousa Marguerite de Ricard, fille de Joseph de Ricard et de Marie de Bacula.

Il eut deux filles.

1° Marie-Anne-Adélaïde de Giry, née le 24 mai 1737, épousa le 10 juillet 1758, Jean-Gabriel du Fornel du Roure, seigneur de Paulin, et du marquisat de Rochebaron par donation de son beau-père du 6 décembre 1771 et après la vente du château de Rochebaron en 1776, marquis de Paulin et de Rochebaron (marquisat sur Paulin (2), auquel on réu-

(1) Chapponay : *d'azur à trois coqs d'or crêtés, barbés, membrés de gueules.* Devise : *Gallo canente spes redit.*

(2) Paulin, environ à 10 kilomètres de Rochebaron, commune et canton de Monistrol, arr. d'Yssingeaux (Haute-Loire).

nit ce que Jean-Gabriel garda de terres à Rochebaron), seigneur du Clappier, né le 5 février 1725, quinzième enfant de Louis du Fornel du Roure, seigneur de Paulin comte de Pleyne, des Combes, du Cros, de Saint-Just-le-Velay, de la Chidz, de la Grange, etc... et de Marie de Châteauneuf de Rochebonne, dame de Paulin. Jean-Gabriel mourut le 18 décembre 1810 ayant eu 5 enfants (1).

Du Roure porte : *d'or au cerf de gueules nageant dans une rivière d'argent ; écartelé de gueules à trois tours donjonnées d'or maçonnées de sable. Sur le tout d'azur au chêne englanté d'or à trois racines et quatre rainceaux passés en sautoir.* Couronne de marquis. Supports un lion et un ange vêtu d'azur tenant une bannière de *sable au lion d'argent accompagné d'une bordure engrelée de même.* Devise : *A vetustate robur.* Cri : *Semper Robur.*

2° Marie-Françoise-Agathe de Giry épouse, à Roanne le 25 janvier 1761, Michel de la Salle, chevalier, seigneur de Rochemaure, de Chavigné, de Giat, de Deniset, baron des Granges et de Tauves, capitaine au régiment de Clermont, chevalier de Saint-Louis, fils de François de la Salle, écuyer, seigneur de Rochemaure, de Puygermaud, de Laubardement, et d'Hélène de Courthille de Giat. Ils eurent quatre fils.

De la Salle porte : *de gueules à la tour d'argent donjonnée de deux pièces et soutenue de deux troncs écotés d'argent posés en sautoir.*

(1) Pour sa descendance masculine voir : La famille de Labro, *Revue Héraldique*, 1904, février